RECHERCHES

SUR LES

ANCIENS VITRAUX INCOLORES

DU DÉPARTEMENT DE L'YONNE,

Par M. Émile AMÉ,

ARCHITECTE ATTACHÉ A LA COMMISSION DES MONUMENTS HISTORIQUES,
CORRESPONDANT DU MINISTÈRE DE L'INSTRUCTION PUBLIQUE,
DE L'ACADÉMIE ESPAGNOLE D'ARCHÉOLOGIE DE MADRID, ETC.

PARIS,
LIBRAIRIE ARCHÉOLOGIQUE DE VICTOR DIDRON, RUE HAUTEFEUILLE, 13.
Cet ouvrage se trouve aussi chez les libraires du département de l'Yonne.

1854.

Lorsque le remarquable article de M. l'abbé Texier sur les vitraux incolores des églises de Bonlieu et d'Obasine, dont il donnait et la description et les dessins, parut dans les *Annales archéologiques* (1), nous fûmes frappé de cette découverte, qui nous faisait apprécier davantage les dessins de quelques vitraux de cette espèce que nous possédions en portefeuille depuis 1842, et auxquels nous n'aurions peut-être jamais attaché une grande importance, s'ils ne nous eussent apparu sous un jour nouveau.

Nos dessins, comme nous venons de le dire, ayant été faits à une époque assez éloignée, époque à laquelle nous ne nous piquions pas d'une exactitude mathématique, nous voulûmes les vérifier comme travail, vitrerie et plomberie, ce que nous fîmes, l'article de M. Texier à la main.

(1) *Annales archéologiques*, dirigées par M. Didron aîné, année 1850, tome X, pages 81- 89.

Pour plus d'exactitude, nous avons estampé tous les vitraux de Pontigny; quant à ceux de Chablis, les ayant déjà dessinés de grandeur d'exécution lorsque nous fûmes chargé de la restauration de cette église par M. le Ministre de l'intérieur, nous n'avions plus à nous en occuper. Ce n'est que plus tard, au mois de juillet de cette année, que nous eûmes l'occasion d'examiner et de dessiner les vitraux de l'ancien hôpital de Sens. Quant à ceux de Migennes, nous n'en avons eu connaissance que postérieurement et d'après un dessin de M. Victor Petit, l'habile dessinateur auquel l'*Annuaire de l'Yonne* doit ses plus remarquables dessins.

Avallon, décembre 1852.

Emile AMÉ.

ANCIENS VITRAUX INCOLORES

Du Département

DE L'YONNE.

VITRAUX DE PONTIGNY.

Les vitraux de l'église de Pontigny, ceux de Chablis et de Sens, ont une grande analogie avec ceux que M. l'abbé Texier a publiés, ces panneaux sortent, à coup sûr, de l'école qui a produit ceux de Bonlieu et d'Obasine.

Les ornements de ces vitraux, les dessins, plutôt, examinés avec attention, sont d'une grande simplicité; vus à une certaine distance, ils paraissent fort riches. Des bandes, se croisant en tous sens, encadrent de larges feuilles recourbées et terminées en pointe — plusieurs chapiteaux de l'église nous ont montré ces feuillages — des entrelacs, des nœuds largement dessinés, d'où naissent et où viennent se réunir les bandes qui courent dans les panneaux, font tous les frais de la décoration et produisent un excellent effet.

Y a-t-il quelque chose de plus riche et de plus élégant que ces quelques panneaux échappés par hasard au vandalisme des vitriers qui ne savaient pas les comprendre, et à l'incurie des embellisseurs modernes qui n'osaient les étudier, craignant d'y voir la condamnation de leurs œuvres! Aussi sent-on vivement ici quelle énorme différence il existe entre les compositions des XII° et XIII° siècles et les médiocres conceptions de la renaissance et des temps actuels.

Le n° 4 diffère complètement des autres panneaux; il est d'une simplicité extrême et, jusqu'au moment où nous l'avons vu et touché, nous ne pouvions le croire contemporain des autres vitraux, mais nos doutes ont cessé après une sérieuse inspection du verre et du plomb; il est placé dans la plus haute fenêtre du croisillon nord du transsept.

Maintenant, nous allons tâcher d'assigner à ces vitraux une date à peu près certaine, le monument dans lequel ils sont placés ayant une date positive de fondation.

L'abbaye de Pontigny, seconde fille de Citeaux, a été fondée en 1114, c'est-à-dire au commencement du XII° siècle. Dans le principe, cette abbaye était pauvre, ses ressources étaient au-dessous de ses besoins, et son premier abbé, Hugues de Châlon, ne pouvait songer à construire, dès les premières années, une église aussi belle et aussi spacieuse que celle qui existe encore de nos jours.

Ce fut en 1150, Guichard de Beaujeu étant abbé, que ce monument fut fondé; il est dû à la générosité de Thibault-le-Grand, comte de Champagne, qui, certainement, aura fait élever la partie antérieure jusqu'au transsept, car cette nef, avec ses piliers carrés, cantonnés de colonnes aux chapiteaux à feuilles grasses ou à feuilles d'eau, nous paraît bien de la fin du XII° siècle, tandis que le chœur et l'abside, avec leurs colonnettes en faisceaux et leurs chapiteaux à crochets, nous reportent évidemment au commencement du XIII°, et c'est dans cette partie seulement qu'existent les vitraux dont nous offrons les dessins.

Nous avons inutilement cherché à connaître l'époque de la consécration de cet édifice. L'*Histoire de Pontigny*, par M. l'abbé Henry, curé-doyen de Quarré-les-Tombes, quoique riche en dates et en faits remarquables, n'en fait pas mention, et nous comptions beaucoup sur cette date pour fixer, à quelques années près, l'époque de l'établissement de ces vitraux, car ils ont dû être placés avant ou peu de temps après la consécration du monument.

Nous ne devons pas omettre de dire ici que l'abbaye de Bonlieu ressortissait de Pontigny, car elle était de la filiation de l'abbaye de Dalon, qui avait adopté en 1120 la règle de Citeaux.

VITRAUX DE MIGENNES.

Les vitraux de l'église de Migennes, que nous avons dessinés à la suite de ceux de Pontigny, sont très-gracieux. Ils. représentent des cercles entrelacés dont les bandes se soudent à d'autres cercles plus petits entourant un rond d'une seule pièce.

Quelques voûtes des bas-côtés de l'abside de la Madeleine de Vézelay, peintes au XIIIe siècle, offrent des dessins absolument semblables à ceux de ces vitraux; et, quoique l'analogie soit frappante, nous pensons qu'il ne faut pas autant reculer l'époque de leur fabrication, mais les rajeunir de quelques années et les attribuer au XIVe siècle et peut-être même à la fin de cette belle époque.

On pourrait nous objecter, avec quelqu'apparence de raison, que l'abside de l'église de Migennes, une des plus jolies que nous connaissions, car le soubassement est orné de belles arcatures retombant sur de gracieux chapiteaux à crochets et d'une remarquable piscine dont l'archivolte est découpée en trilobe; que cette abside, disons-nous, date des premières années du XIIIe siècle et que toutes les fenêtres ont conservé quelques panneaux de ces vitraux, et que, par conséquent, cette reproduction milite en faveur de l'ancienneté qu'on peut leur attribuer.

Il n'y aurait guère que les caractères du verre et du plomb qui pourraient nous faire croire à une exécution antérieure à celle que nous avons fixée. Malheureusement, le verre est fort mince, la teinte est souvent d'un blanc fade et parfois d'un bleu très-pâle, plutôt que de cette agréable teinte verdâtre qui caractérise les anciens verres. Quant au plomb, il est plat, nullement bombé et, loin d'avoir été travaillé au rabot, il semble passé au tire-plomb. Les détails dans lesquels nous venons d'entrer montrent donc quelle différence il existe entre ces vitraux et ceux du XIIIe siècle, pour qu'on puisse les attribuer à cette époque; nous reviendrons plus tard sur ce sujet.

On pourrait dire, non sans quelque raison, que ces vitraux ont été exécutés d'après d'anciens panneaux du XIIIe siècle, nous pourrions partager peut-être cette manière de voir, mais nos doutes n'en existeraient pas moins encore.

VITRAUX DE CHABLIS.

Toutes les fenêtres de l'ancienne collégiale Saint-Martin de Chablis étaient autrefois garnies de vitraux incolores et de vitraux peints du XIIIe siècle. Il ne reste plus maintenant qu'un panneau en verre peint, et trois panneaux à dessins de plomb, encore deux sont-ils semblables.

Le vitrier qui, depuis longtemps, est chargé par le conseil de fabrique de la réparation et de l'entretien des vitraux, nous a dit avoir remplacé, par des panneaux à lozanges, un grand nombre de vieux panneaux dont les plombs oxidés ne soutenaient plus les verres, qui s'envolaient à chaque coup de vent et venaient se briser sur les dalles de l'église.

On doit vivement regretter que la découverte signalée par M. l'abbé Texier n'ait pas eu lieu plus tôt, on aurait pu sauver ou dessiner les panneaux actuellement détruits. Tout fait supposer qu'il en existait une grande quantité, et le peu qui nous en reste nous montre et nous fait comprendre toute l'importance de ce système de vitraux. Enfin, puisque l'attention des archéologues est éveillée, nous les conjurons d'examiner avec soin les anciens édifices, il ne faut pas que la plus mince fenêtre échappe à leurs investigations, et nous avons l'intime conviction que le succès viendra couronner leurs efforts persévérants.

Les deux panneaux qui vitrent encore les fenêtres du chœur de l'église Saint-Martin de Chablis, ne ressemblent guère à ceux de Bonlieu et d'Obasine. Quoique plus simples de formes et moins chargés d'ornements, ils n'en sont pas moins remarquables et nous devons ajouter que, mis en place, avec leur teinte verdâtre sur laquelle tranchent fortement les plombs, leur aspect est très-satisfaisant. La proximité de cette église, à peine éloignée de 14 kilomètres de celle de Pontigny, rehausse encore à nos yeux leur valeur, et nous avons la conviction que les vitraux de Pontigny ont dû exercer une grande influence sur ceux de l'église de Chablis.

Il nous serait assez difficile de fixer l'âge de ces deux panneaux d'une manière à peu près positive, si nous ne prenions pour base le style de l'église, style mâle et sévère appartenant, sans aucun doute, aux premières années du XIIIe siècle.

Voici sur quoi nous nous basons pour appuyer cette assertion.

Une pièce conservée aux archives de la préfecture du département fait connaître, suivant M. Quantin, notre savant confrère de la Société des sciences de l'Yonne, qu'en 1226, deux chapelles — qui existent encore — avaient été fondées par Guillaume, chantre et prévôt de Chablis. Ces chapelles, établies entre deux contre-forts, accusent bien l'époque de leur construction, et les crochets des culs-de-lampes et des chapiteaux, recevant la retombée des voûtes, sont, nous ne dirons pas plus beaux, mais plus épanouis que ceux des quatre cents autres chapiteaux qui concourent à la décoration de cette admirable église, classée au nombre des monuments historiques.

On peut donc, d'après cette date de 1226, accorder à l'église de Chablis et par conséquent aux vitraux, l'âge que nous avons primitivement fixé, sans crainte d'erreur grave.

VITRAUX DE SENS.

C'est par le plus grand des hasards que nous avons découvert ces vitraux, auprès desquels nous étions passé nombre de fois sans y faire la moindre attention, lorsque nous habitions la ville de Sens, en 1845 et 1846.

Voici comment nous les découvrîmes.

Arrivé à Sens, au milieu de la nuit, on nous donna une chambre ayant vue directe sur la face latérale nord de l'ancienne chapelle de Jean Ferrand, au-dessus de laquelle s'élève le goutterot d'un ancien bâtiment que le cardinal de Loménie de Brienne transforma en chapelle de l'hôpital, lorsque l'abbaye de Saint-Jean fut acquise par la ville. Nous fûmes agréablement surpris, lorsque le jour parut, en apercevant ces deux beaux panneaux parfaitement conservés. Quelques heures plus tard, nous étions en possession des calques de ces vitraux.

L'existence de cette ancienne chapelle — nous ne voulons point parler de celle de Jean Ferrand, dans laquelle un cordonnier a établi son échoppe — actuellement convertie en halle à la viande, ainsi que celle de la halle au blé, est gravement compromise, dit-on, par suite des malheureuses et gigantesques conceptions de l'édilité sénonnaise qui, non contente d'avoir laissé démolir de magnifiques remparts gallo-romains, veut encore détruire deux beaux monuments pleins d'intérêt, élevés au XIII° siècle et restaurés ensuite au XV°, pour les remplacer par une construction bâtarde, en style pseudo-grec ou romain, dont l'utilité, fort éventuelle, ne pourra faire oublier la perte des édifices qu'on détruira.

Le premier panneau de ces vitraux est très-beau, les enlacements sont excessivement gracieux, et, lorsque les panneaux sont réunis, on est surpris du riche aspect qu'ils présentent.

Le second panneau est beaucoup plus simple, l'exécution en est très-facile, c'est un des moins compliqués que nous ayons rencontrés. Ces deux panneaux se font valoir mutuellement, et se reproduisent de deux en deux fenêtres.

Nous ne pouvons, faute de dates positives, assigner aucun âge à ces vitraux; ce n'est que d'après les caractères qu'ils présentent, caractères en tout conformes à ceux de Pontigny et de Chablis, que nous pouvons les classer; aussi les attribuons-nous volontiers au commencement du XIIIe siècle, époque à laquelle le monument dans lequel ils se trouvent a été construit.

VITRAUX DE MONTRÉAL.

Nous avons rencontré dans l'église de Montréal deux beaux panneaux de vitraux en verre blanc, qui ne datent pas d'une époque très-reculée. Nous les croyons de la renaissance, et nous en donnons les dessins, parce qu'ils font pressentir la fin d'un système dont, par ceux de Pontigny, de Chablis et de Sens, nous avons donné le commencement.

Nous ne nous étendrons pas longuement sur leur description, les dessins les feront mieux comprendre que tout ce que nous pourrions en dire.

Le n° 1er est assez riche, chaque panneau renferme dans son centre une rose à huit feuilles dont le quart, ou deux feuilles, se reproduit à l'angle du panneau.

Quant au n° 2, ce sont des carrés qui s'entrelacent assez mollement du reste et dont les angles sont arrondis.

Ces vitraux sont en très-mauvais état, les plombs sont oxidés; nous avons tout lieu de penser qu'ils seront restaurés incessamment.

CARACTÈRES DE CES VITRAUX.

Les vitraux de Pontigny, de Chablis et de la chapelle de l'ancien hôpital de Sens, présentent les mêmes caractères que ceux d'Obasine et de Bonlieu. Le verre est inégal, plus épais sur une rive que sur l'autre; il est gondolé et fourmille de bulles plus ou moins considérables; les feuilles sont étroites, elles ont de trois centimètres et demi à cinq centimètres au plus de largeur, leur longueur varie, l'épaisseur est généralement de trois millimètres.

Quoique les verres aient été recouverts d'une espèce de patine destinée soit à en modérer la transparence, soit à les préserver de l'influence des agents atmosphériques, on remarque, sur certaines feuilles, des trous assez profonds d'inégale grandeur; d'autres feuilles sont parfaitement lisses. Ce que nous appelons *patine* ou *couverte* tend fortement à disparaître des feuilles attaquées.

Toutes les coupes ont été terminées au grésoir, car on reconnaît parfaitement les traces de cet instrument aux dents que présentent les rives. On voit, dans quelques feuilles, des éclats qui tendraient à les faire dédoubler par petites parties, lors de la coupe, principalement vers les bulles, dont la quantité est assez considérable.

Les plombs ont été traités avec un soin particulier; ils ont quatre millimètres de largeur et sept d'épaisseur. Ils ont été travaillés au rabot. On voit encore les biseaux, traces certaines du passage de cet instrument.

Les vitraux de Chablis nous ont présenté une certaine particularité que nous croyons devoir enregistrer ici : quelques bandes semblent avoir été peintes en rouge et en jaune. Cette peinture, qui n'a pas été cuite au four, est à peine sensible actuellement, et perd tous les jours de son intensité. Nous sommes porté à croire que cette circonstance n'est due qu'à un caprice de vitrier ou à un malheureux essai bien postérieur à l'établissement des vitraux, car nous nous refusons à croire que des verres colorés puissent produire un excellent effet dans cette sorte de vitrerie. Il n'y a guère que notre époque qui ait employé des verres peints dans la composition des vitraux d'églises, et ces vitraux nous font monter le rouge au front lorsque nous les apercevons. Il est impossible de rester de sang-froid lorsqu'on examine ces honteuses conceptions, ces ridicules pièces de couleur, espèce d'habit d'arlequin dont la plupart des églises du département, et nous ne parlons pas des églises de villages, sont infestées depuis quelque temps.

Le plomb des vitraux de Montréal est plat d'un côté et rond de l'autre; il présente, il est vrai, de la résistance, de la force même, mais il est loin de valoir celui des vitraux cités précédemment. Ce plomb a cinq millimètres de largeur, et tout nous fait supposer qu'il a été fabriqué au tire-plomb. Il en est de même pour les vitraux de Migennes dont nous avons parlé plus haut; mais à Migennes, le plomb est encore plus mince qu'à Montréal, et, par conséquent, moins résistant.

Le verre des vitraux de Montréal et de Migennes est aussi plus mince, plus blanc, il n'est pas épais et le ton en est fade. Enfin tout nous invite à penser que ces derniers panneaux, ceux de Montréal principalement, datent de cette déplorable époque de décadence où les peintres-verriers — comme tous les artistes en général — se passionnant pour un art nouvellement implanté, oublièrent les anciennes traditions et devinrent de simples vitriers, des manœuvres ou peu s'en faut.

Nous croyons reconnaître, et nos lecteurs le reconnaîtront sans doute avec nous, que ces panneaux de vitrerie, que nous avons retrouvés çà et là, doivent leur naissance à un système complet, achevé. Ce système nous semble suscité par la grande et irrésistible influence que saint Bernard, ce rigoriste docteur en fait d'art, a exercée sur l'art religieux de son siècle.

Ce système de *vitraux incolores* paraît avoir été adopté en 1134 par le chapitre général de l'ordre de Citeaux; l'article 82 le consacre ouvertement, il y est dit : « Les vitres doivent être blanches (incolores), sans croix et sans peintures. »

L'église abbatiale de Clairvaux, dont saint Bernard fut un des plus illustres abbés, en offrait une preuve irrécusable. Nous pourrions reproduire ici, en témoignage authentique, si nous ne craignions d'être prolixe, l'extrait de la relation d'un voyage fait en 1517, de Joinville à Clairvaux, par la reine de Sicile, le comte et la comtesse de Guise ; on y parle des *vitraux blancs* de l'église, de ceux de la librairie et du réfectoire (1).

Nous ne pensons pas cependant que les vitraux incolores aient été employés exclusivement dans les églises cisterciennes ; nous sommes porté à croire, et nous en avons donné des exemples, que les églises riches, comme celles de Chablis, devaient en être garnies dans certaines parties. Et puis, n'y avait-il pas une grande économie pour les églises pauvres, comme pour les chapelles d'un rang inférieur — l'église de Migennes et la chapelle de Sens — à employer ce système de vitrerie, qui sait si bien s'allier à la belle et sévère architecture des XIIe et XIIIe siècles.

Souvent même, cette vitrerie incolore a dû être employée concurremment avec la grisaille, ou la peinture sur verre. Ces divers systèmes devaient se faire valoir par leurs contrastes.

En résumé, les artistes verriers, dans les monuments cisterciens, pouvaient donner librement carrière à leur brillante imagination, sous la condition expresse cependant de ne figurer aucune croix ni aucune peinture. Aussi est-ce avec un rare bonheur qu'ils se sont acquittés de leur tâche, souvent ingrate, et qu'ils ont su vaincre les plus grandes difficultés en appliquant, sans se répéter, les combinaisons les plus diverses : feuillages, enlacements, nattes, etc., à la composition de leurs vitraux.

De la défense excessive, trop rigoureuse même dont nous venons de parler, est donc sorti un système complet de vitraux blancs à dessins figurés par les plombs. Ce système ne nous paraît avoir rien de commun et ne doit rien envier à la vitrerie en grisaille, avec laquelle il peut marcher de pair dans certaines conditions faciles à apprécier.

---

(1) *Annales archéologiques*, vol. III, pages 223—239, article : *Un grand monastère au XVIe siècle*. (Monastère de Clairvaux.)

VITRAUX INCOLORES DE L'YONNE.

N° 1.

N° 2.

ÉGLISE DE PONTIGNY — XIII.ᵉ SIÈCLE.
Echelle de 0.20. pour mètre.

Dessiné par Emile Amé.

VITRAUX INCOLORES DE L'YONNE.

N.º 3.

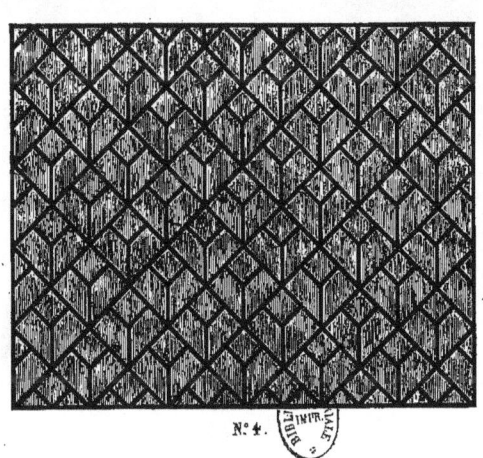

N.º 4.

ÉGLISE DE PONTIGNY — XIII.ᵉ SIÈCLE.

Echelle de 0.ᵐ 20.ᶜ pour mètre.

Dessiné par Emile Amé.

VITRAUX INCOLORES DE L'YONNE.

N° 5.
ÉGLISE DE PONTIGNY. — XIIIe SIÈCLE.

ÉGLISE DE MIGENNES. — XIVe SIÈCLE.
Echelle de 0. 20. pour mètre.

Dessiné par Emile Amé.

VITRAUX INCOLORES DE L'YONNE.

N.º 1.

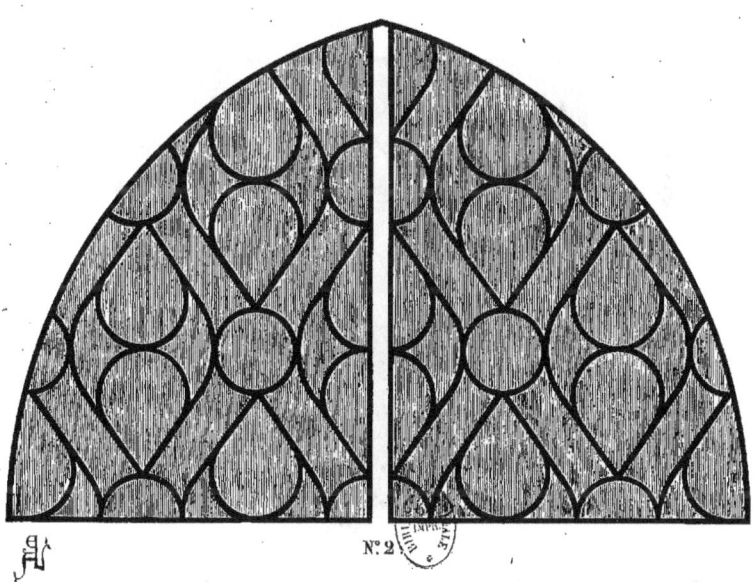

N.º 2.

ÉGLISE DE CHABLIS — XIII.ᵉ SIÈCLE.

Echelle de 0.ᵐ 20.ᶜ pour mètre.

Dessiné par Emile Amé. Lith. M.ʳˢ Jardeaux et Leroy, à Bar-s.ᵗ Aub.

VITRAUX INCOLORES DE L'YONNE.

N.º 1.

N.º 2.

CHAPELLE DE L'ANCIEN HÔPITAL DE SENS

Echelle de 0^m,20 pour mètre.

Dessiné par Emile Amé.

VITRAUX INCOLORES DE L'YONNE.

N° 2.

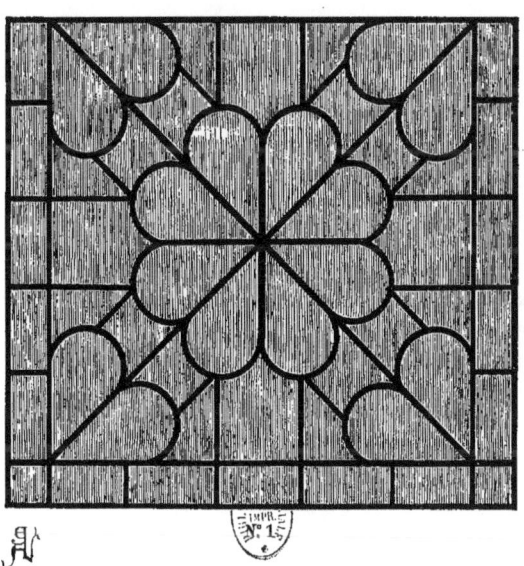

ÉGLISE DE MONTRÉAL —— XVIᵉ SIÈCLE.

Echelle de 0ᵐ 20 pour mètre.

Dessiné par Emile Amé.

www.ingramcontent.com/pod-product-compliance
Lightning Source LLC
Chambersburg PA
CBHW061614040426
42450CB00010B/2490